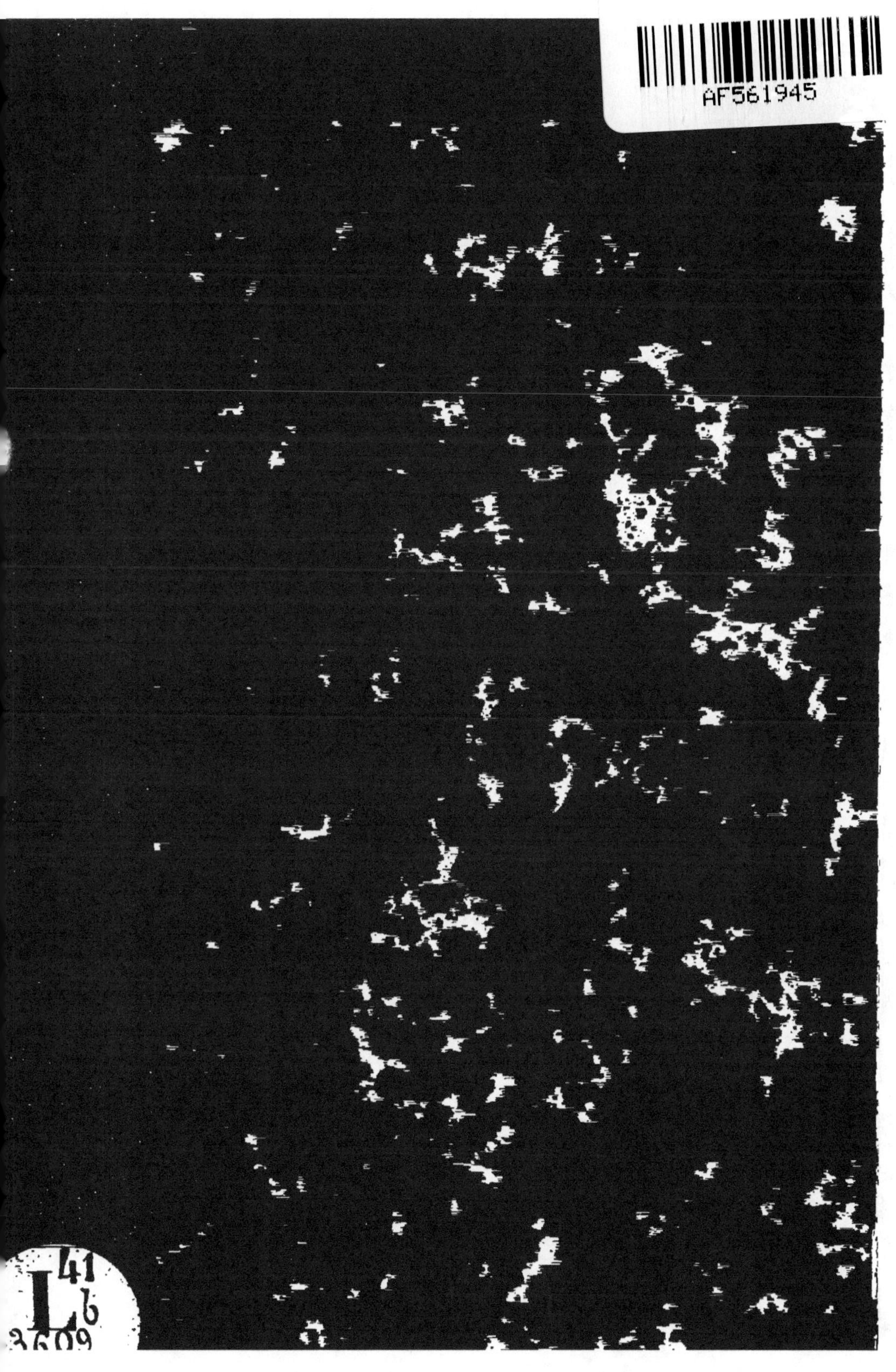

À la Maison d'arrêt, dite du Refuge, Nancy, le 4 Nivôse, l'an 2e de la République.

LE MAIRE DE NANCY,

Indignement opprimé et injustement incarcéré, AUX REPRÉSENTANS DU PEUPLE FRANÇAIS, *à la Convention Nationale.*

CITOYENS REPRÉSENTANS,

POURQUOI faut-il qu'un homme simple, désintéressé, républicain et fanatique de la probité, ait a repousser encore la calomnie et soit obligé de se justifier? S'il est chaud révolutionnaire, la question devient facile à résoudre. Il a dû heurter avec courage, les intérêts des Feuillans, des fripons et des égoïstes. Sans s'attacher aux personnes, il a dû déployer la sévérité de ses principes, et, s'il a été assez heureux pour les faire goûter au Peuple, comment les fripons, les feuillans et les égoïstes, pourroient-ils jamais lui pardonner de les avoir démasqués, et ne pas chercher tous les moyens possibles d'égarer l'opinion sur son compte, pour avoir droit de le persécuter? C'est en deux mots mon histoire; accordez-moi un moment d'attention. Le récit en sera succint, naïf et vrai. Tout Nancy interrogé sur tout ce qui me concerne, s'accordera à me rendre justice, et le triomphe de la vérité suivra de près cette enquête, si j'ai le bonheur de vous la voir faire.

Je sortis des prisons de Paris, au mois de novembre 1791, avec un décret d'ajournement personnel, après deux mois de détention, dont dix-huit jours au secret à l'Abbaye Saint Germain, où j'avois été traîné par les satellites du scélérat Lafayette, le 17 juillet de la même année, à la fatale affaire du champ de Mars, pour avoir osé prêcher dès ce temps, et sur toutes les places publiques, les principes républicains, comme on pourra s'en convaincre par la procédure déposée au greffe de l'Abbaye, avec celle de la citoyenne Colombe, de Deslers, son adjoint, à l'impression des feuilles de Marat, de Verrières et autres patriotes opprimés dans ce temps-là, et mes compagnons d'infortune. On y verra ce que j'écrivois la veille du massacre des patriotes, aux journalistes révolutionnaires, dans une circulaire trouvée chez Fréron, l'orateur du peuple, quatre jours après mon incarcération ; lorsque les mêmes scélérats allèrent, au défaut de la personne, à bon droit fugitive, saisir et visiter ses papiers. Cet exemplaire est aussi déposé au greffe du tribunal de l'Abbaye Saint Germain, avec ma procédure.

Sortant de l'Abbaye et obligé de reprendre alors, pour exister, ma profession d'Acteur au théâtre, que je n'avois quittée quelque temps, que pour rétablir ma santé et tâcher de me placer avantageusement à Paris dans le même genre, je quitte cette capitale pour prendre une place vacante au théâtre de Nancy, au mois de décembre de la même année. Le feuillantisme et le fayétisme enragés de la société populaire, m'éloignent de l'envie que j'avois en arrivant de m'y faire admettre. Je borne conséquemment mes vœux révolutionnaires à organiser le thâtre aristocratique de cette cité, en théâtre patriotique, à rédiger tous les changemens des pièces royalistes, transformées sur le champ en pièces républicaines, bien avant le décret même qui constitua la France en *République*, et à chasser enfin de ce théâtre un Directeur fripon, banqueroutier et contre-révolutionnaire, soutenu par tout ce qu'il y avoit de riches aristocrates dans le département de la Meurthe.

Seize mois s'étoient écoulés depuis mon séjour à Nancy, employés à consolider, régir une société d'Acteurs patriotes, dans laquelle j'avois à en remplir tout-à-la-fois les emplois d'Auteur, de premier Acteur et de Régisseur. Je séchois de douleur d'être, avec quelqu'énergie, forcé par le défaut de fortune, de donner tout mon temps à monter et jouer des pièces de théâtre dans le sens de la révolution, et de ne pouvoir prendre une part plus directe à la chose publique, dans un moment où le danger commun appeloit toutes les lumières comme tous les bras de la patrie; lorsque j'appris (et c'étoit au mois de juin dernier) que les fédéralistes étoient sur le point de triompher à la société populaire, et de faire de la ville de Nancy et du département de la Meurthe un petit noyau de Vendée. J'abandonne sur le champ le théâtre; je m'élance à la société populaire, dont je m'étois fait recevoir membre huit mois auparavant, pour avoir au moins le droit d'y servir la cause populaire au premier danger qu'elle auroit à courir, comme je le pressentois, et comme l'évènement m'a prouvé que j'avois et bien fait et bien vu. J'eus alors le bonheur d'y contribuer à terrasser tous ces Légistes impudens, fléaux éternels de la révolution, qui tentoient tout au monde pour perdre encore une fois cette belle cité, et la réduire à la cruelle extrêmité de voir aujourd'hui ses rues et ses places publiques, encore fumantes des tristes effets de tous les instrumens mortifères que la vengeance nationale a si justement dirigés contre les villes rebelles de Lyon, Marseille, Bordeaux et Toulon.

Éclairé enfin par nous, le peuple de Nancy fait, dans son club, un scrutin épuratoire à haute voix. Nous dressons une liste des contre-révolutionnaires, sous le titre de meneurs et de menés. A la tête des meneurs, figuroient les noms de Regnier, Dusquesnois et Salles, ex-constituans, Desfoissai et autres membres pourris de la seconde Législature, dont les noms ne sont pas maintenant présens à ma mémoire, en prison; en un mot, de tous les scélérats qui, n'ayant pu réussir tout-à-fait à faire décréter à Paris, la contre-révolution, en vouloient au moins un petit abrégé dans les murs de Nancy.

Beaucoup de meneurs étoient à la tête de la

Municipalité et autres autorités constituées, et ils jurèrent, comme de raison, une haine mortelle aux membres prononcés de la société populaire. Nous n'en saisîmes pas moins cette occasion favorable amenée par leur expulsion, de renouer avec les braves Jacobins, dont ils s'étoient déclarés les plus mortels ennemis, et qui nous rendirent leur correspondance. Dès-lors tous les coquins qui étoient parvenus à brouiller ci-devant la société de Nancy avec la mère-société, à force de menées et de cabales, avoient appelés contre Paris la force départementale, fait délibérer les clubistes a huit-clos, traité de brigands les jacobins et tous les Parisiens; tâté en un mot, de tous les plans de contre-révolution, furent enfin contraints de disparoître de la scène patriotique, qu'ils déshonoroient complettement. Les Municipaux déclarèrent ouvertement une guerre à mort à la société populaire, dans le sein de laquelle ils introduisirent un bal et une force armée, le 10 aout, jour de la fédération, à l'arrivée du courier de Paris, et au moment où le peuple attendoit impatiemment la lecture des papiers publics, qu'apportoit le courier, malgré les différentes réclamations des sociétaires du peuple, dont on accueilloit les députations avec indécence, mépris et dureté. La force armée reçoit l'ordre d'arrêter les citoyens qui auroient l'air d'improuver ces mesures liberticides. La société arrête (1) une fête funèbre en l'honneur des mânes de Marat, et la Municipalité refuse d'y assister. La fête s'exécute néanmoins : elle est tournée en ridicule. Mauger arrive à cette époque, nous aide à relever l'esprit public, et à lutter contre l'intrigue. Il étoit pur alors et chaud républicain. Né avec quelque chaleur aussi, ne devois-je pas me lier nécessairement à un homme qui imcomboit courageusement sur tous les aristocrates, dans une cité où il n'y eût jamais que des aristocrates. Pouvois-je seul lutter contre toute une ville en proie au feuillantisme et au fédéralisme, avec des autorités sans énergie, et composée d'ennemis de la révolution, une société populaire qui ne comptoit pas un seul individu dont on pût faire un véritable apôtre de la liberté, et que nous eûmes tant de peines

(1) Ce fut sur mes motions, dix fois reproduites, et dix fois rejetées ; je composai moi-même le discours funèbre que je prononçai dans la pépinière, le jour de la fête, 11 août dernier. Je puis encore en produire des exemplaires.

à monter à la hauteur des principes révolutionnaires, que Mauger prêchoit avec des talens mâles et vigoureux.

La Municipalité, résolue de dissoudre cette malheureuse société, que je présidois alors, et qui commençoit à prendre du caractère, y place des assemblées de sections et de recrutement aux heures de nos séances. Le 17 août amena des scènes dangereuses : le président est menacé d'être jeté dans les cachots. On y précipite Mauger, revêtu alors d'une commission supérieure. Tous les sociétaires désertent lâchement : huit à dix républicains braves et prononcés, font face à l'orage, appuyés par tout le peuple des tribunes, qui demandent sur-le-champ l'affiliation ; et jure avec nous, sur les mânes de Marat, de ne jamais separer sa cause de la nôtre, et de tout faire pour mériter de plus en plus, les titres vraiment glorieux de factieux et de désorganisateurs, dont la Municipalité nous gratifioit si largement, tant que les autorités seroient constituées, et agiroient dans le sens de Pitt et de Cobourg, receleroient dans leur sein les plus hardis contre-révolutionnaires, s'acharneroient à présenter le petit nombre de patriotes vigoureux, dont ils avoient à redouter les lumières et l'énergie, et dont le peuple avoit si grand besoin, dans une ville où il y avoit tant de nobles, de légistes parlementaires, et en un mot, tant d'intrigants si intéressés à corrompre l'opinion publique. On met sur pied toute la force armée. On distribue des cartouches aux troupes de lignes et aux grenadiers, sans en donner au reste de la garde citoyenne. La Municipalité s'entoure de bayonnettes, fait fermer au peuple l'entrée de ses séances, et délibère à huit-clos l'incarcération de Mauger, conduit aussi-tôt à la conciergerie, et la perte des plus vigoureux amis du peuple ; mais la force armée refuse de faire main-basse sur ses concitoyens, et toute la compagnie des braves canoniers, à qui on avoit distribué des gargousses, refusa le service, et vint se jeter au sein de la société populaire.

Ce fut alors que les municipaux envoyèrent à la Convention Gehin et Barbillac, intrigans avérés, qui eurent l'impudeur de se charger d'y porter un procès-verbal, rédigé dans le mystère de la plus ténebreuse iniquité, chargé des plus lâches impostures, de deux pages blanches au milieu de l'acte, et couvert de fausses signatures. Ce procès-verbal fut aussi colporté la veille et lu dans toutes les sections. Pour prix de tant d'horreurs, la Convention décrète la destitution de tous les membres gangrenés du conseil général, décrète aussi que les canoniers et la société populaire, le peuple y réuni, ont bien mérité de la patrie, tandis que les représentans Richaud Sobrani et Herman, indignés de la conduite coupable des municipaux, opéroient la même chose à Nancy, et donnoient victoire complette aux patriotes, que j'avois alors depuis 15 à 20 jours, et sans une minute d'interruption, le bonheur de présider.

Les représentans du peuple Herman, Sobrani, et Richaut, réorganisant le département et la municipalité, m'offrirent alors une place d'administrateur au département, j'eus le courage de la refuser. Quatre heures après, on m'invite à accepter une place de juge de paix, sous peine d'être soupçonné de répugnance à servir la chose publique, dans un moment où il falloit du courage et du républicanisme. Je remets alors un tiers de mon traitement au théâtre, et j'accepte cet office sans nul intérêt pécuniaire, puisqu'il ne vaut pas 1500 livres, et que j'en remettois davantage à mes anciens camarades, dont le métier n'alloit guères à cette époque, au milieu de l'été : de suite on me place au conseil général, et en permanence, au comité de surveillance. La loi du 17 septembre nous forçoit à servir contre un grand nombre d'individus, et nous faisoit conséquemment beaucoup d'ennemis. Je tombe alors malade à l'extrémité : ma maladie dura six semaines. Mauger, qui jusques-là avoit fait de bonne-foi, avec courage et sagacité, le bien de la ville, est rappelé à Paris par la suppression de sa commission. Il revint vers le commencement où le milieu d'octobre (vieux style) avec une nouvelle commission, qui lui enjoignoit (ce sont les termes de la commission) de maintenir de tout son pouvoir les principes révolutionnaires ; c'est-là l'époque où Mauger à commencé à se perdre dans l'opinion publique. Il se crut alors fondé à ordonner des incarcérations, qu'il est aujourd'hui accusé d'avoir mises à prix. Il y avoit trois semaines que j'étois au lit, lorsqu'il revint de Paris. Le peuple m'avoit unanimement nommé maire en l'absence de Mauger, et tandis que j'étois à l'agonie ; raison de plus pour n'être pas soupçonné d'avoir cabalé pour me faire nommer ; mais à dire le vrai, je ne fus pas fâché, au refus du sans-culotte Philip, *d'arracher* ce poste à un aristocrate, sur-tout lorsque je me rappelai que depuis la révolution, il n'avoit encore été dévolu qu'à la clique seule des riches ennemis du nouvel ordre de choses; comme on pourra s'en convaincre l'orsqu'on voudra avoir recours à la liste des maires, élus ici depuis cinq ans : on verra qu'il ne s'y trouve pas un seul patriote.

Mauger crut, à son retour de Paris, devoir m'adjoindre à 12 ou 15 patriotes, que lui nomma la société populaire, pour l'aider dans ses opérations. J'y fus nommé *ad honores*, puisque je fus encore alité trois autres semaines, au bout desquelles, et pouvant à peine marcher, je parus deux ou trois fois au plus dans ce comité, dont on veut aujourd'hui perdre tous les membres, sous prétexte de complicité avec le chef, mais dont le crime est d'être énergiques et braves, ennemis jurés des intrigans, qu'ils avoient démasqués, remis à leur place, et qui sont eux-mêmes les premiers à demander aujourd'hui que s'il se trouve quelqu'un parmi eux, vraiment coupable d'avoir manqué à la délicatesse, la loi en fasse promptement justice, On nomme cette poiguée de patriote le *parti Mauger*, quoiqu'on sache fort bien qu'il n'existe point de *parti Mauger*. On les traîne dans les cachots, on les traduit au tribunal révolutionnaire. On va jusqu'à colorer les persécutions qu'on exerce contre nous, du prétexte spécieux d'un complot imaginaire, dont on ne donne pourtant aucune définition ; mais qu'on n'imagine pas moins avoir été formé par nous : on ne sait ce que c'est que ce prétendu complot. Toutes les fois que vous le demandez, personne ne peut vous répondre ; aucun des meneurs de la cabale ne peut en désigner la trace, même la plus légère ; mais pour aller à son but, la cabale veut absolument que ce complot existe, n'importe comment, donc il existe. D'après quoi, *tolle*, *tolle*, *eos*, crie-t-on de toute part au peuple qu'on veut égarer. C'est ainsi que la Fayette et Bailli, après avoir égorgé au champ-de-mars les paisibles pétitionnaires, cherchent encore à flétrir leur mémoire, en les rendant odieux au peuple, par les imputations et les calomnies les plus atroces. C'est ainsi que le lendemain de cet horrible boucherie, ces deux monstres, avides de sang et de crimes, cherchèrent encore à faire tomber sous le glaive de la loi, les hommes vertueux et probes, qui avoient échappé la veille au plomb meurtrier des assassins, en incarcerant trois à quatre cent des plus énergiques d'entr'eux et des mieux prononcés en faveur de la révolution.

Qui pourroit ne pas se rappeler, qu'on faignit alors d'arrêter tous les étrangers, avec lesquels on nous accusoit d'entretenir des correspondances criminelles, pour livrer dès ce temps, la France au Prussiens et aux Autrichiens réunis. Ne vis-je pas entrer ce jour-là dans mon cachot, sous prétesque qu'il étoit originaire de prusse, un citoyen paisible, et domicilié en france depuis 20 ans; et cette grimace odieuse, affectée dans un temps où de telles mesures, n'étoient pas encore à l'ordre du jour, et dont le but bien réel, et trop bien connu maintenant, étoit de chercher a égarer l'opinion, sur le véritable projet d'exterminer tous les patriotes. Dura-t-elle en effet plus de deux jours, après le massacre de nos fréres? Revenons-en maintenant à mon objet principal, et tâchons d'abréger.

Je n'avois guères que huit jours de convalescence, lorsque je fus installé a la mairie, vers la fin d'octobre, (vieux style), c'est-à-dire un mois après ma nomination, unanimement faite par le peuple, dans la société populaire. Je ne pus donc aller au comité de Mauger, qui se tenoit aux heures des séances municipales, à 11 heures du matin. En disant que je n'ai pu trouver le loisir d'aller dans ce comité, qu'on n'imagine pas, que je cherche, à en désavouer les membres, que je porterai tous dans mon cœur, jusqu'à ce qu'on m'ait bien et duement prouvé que quelqu'un d'entr'eux, ait eu le malheur de prévariquer. Je veux seulement prouver que la cabale en a menti, dans tous les points, même les plus indifférens en apparence, pour en venir plus aisément à son but. Ces scélérats, de tous temps ennemis jurés des braves Parisiens, et sur-tout des Jacobins, voulant tuer ici le patriotisme, qu'on y avoit ranimé avec tant de peine, après avoir calomnié dans tous les sens, le petit nombre de ses défenseurs, n'avoient plus d'autres ressorts à faire mouvoir contr'eux, que ceux de leur créer, leur supposer tous les torts possibles, dans le sens de ces messieurs, pour achever de soulever contre ces apôtres du républicanisme, tous les ci-devant honnêtes-gens, les modérés, les feuillans, les fédéralistes, les accapareurs, en un mot toute la clique robinocrate, bien plus nombreuse, ici que partout ailleurs, et écraser enfin le parti. Qui pourroit feindre d'ignorer à Nancy, que je fus très-souvent et publiquement, en contradiction avec ce (1) Mauger dont je ne fus jamais l'ami, et avec lequel Faure dit si gratuitement, et avec tant de mauvaise-foi, que j'ai eu des liaisons intimes, tandis que lui Faure, et de son propre aveu, publiquement énoncé dans d'autres circonstances, a eu avec lui des rapports et des liaisons d'amitié, bien plus intimes que les miens. N'ont-ils pas en effet voyagé ensemble, bu et

---

(1) Ne suis-je pas allé avec un officier de police, nommé Kunts, provoquer la saisie de tous ses effets, à son départ de Nancy, et lorsque les voitures étoient encore à sa porte, dans le comité de surveillance, qui jugea à propos de passer à l'ordre du jour.

Il me fit dans la société populaire et dans un état d'yvresse, une scène publique et scandaleuse qui le fit chasser par le peuple, et cela en récrimination de ce que la veille, au même lieu et comme président de la société, je l'avois blâmé hautement de se laisser donner le nom de Marat. Un mois après, le peuple place son buste dans ladite société. J'étois alors à l'agonie, et de mon lit, je protestai contre cet acte d'enthousiasme insensé, en présence de tous ceux qui venoient me visiter.

mangé

mangé ensemble, à Nancy, où il se sont, et dans la plus étroite intimité, donné respectivement des dînés, tandis que moi pauvre diable de buveur d'eau, exténué par la maladie, sans ménage, comme sans-culotte, et dans l'impossibilité de rendre un repas, n'ai pas plus fréquenté la maison de Mauger, le commissaire que celle de Faure, le représentant du peuple.

A peine fus-je nommé maire, que les représentans du peuple, Mallarmé et Lacoste, enjoignirent aux comités de surveillance et de sans-culotte réunis, de s'ocuper de la translation de tous les détenus, toute affaire cessante et sans désamparer. J'étois membre de ces deux comités, les divers membres des corps administratifs, composant les deux comités réunis en un seul, eurent ordre d'interrompre à l'instant leurs fonctions administratives, pour ne s'occuper que du triage à faire parmi les détenus, et envoyer la masse à Paris où ailleurs, Nancy étant jugé trop près des frontières, déjà envahies par l'ennemi. Cette opération dura trois semaines, et j'ai été conduit à la maison de détention le 10 frimaire; c'est-à-dire, cinq à six semaines après mon installation à la mairie, que j'avois constamment refusée, parce que n'ayant pas un sou de bien, je ne pouvois conserver une place sans émolumens. à force d'instances, je consentis néanmoins de répondre à la confiance publique, sur la promesse qui me fut faite d'une pension alimentaire. J'avois juré de ne prendre aucun poste lucratif, mais je ne pouvois renoncer au besoin d'exister; et pour tenir inviolablement ma parole j'abandonnai alors le théâtre, qui me rendoit à cette époque 900 livres par mois et plus, pour servir gratuitement mes concitoyens, qui arrêtèrent au bout d'un mois 300 livres de de pension par mois pour le maire de Nancy. Au même moment le département nomma aux trois directions vacantes dans les salines de Dieuze, Moyenvic, et Château-Salins. Mauger est nommé à Dieuze, Febvé le jeune à Château-Salins, et moi à Moyenvic. Les deux premiers acceptent, et joignent leur destination; je crus alors devoir me montrer digne de la confiance générale, en refusant publiquement cette nouvelle place, valant 8 à 10 mille livres d'appointemens fixes, et pour la vie. J'eusse été selon moi criminel, de préférer ma fortune particulière, à l'envie de faire le bien sans intéret, dans la place de maire, que la crise actuelle rendoit si périlleuse, au moment sur-tout où l'article des subsistances étoit si délicat à traiter, et les citoyens si divisés d'intérêt comme d'opinions. J'avois même déduit toutes ces raisons, dans un discours improvisé, le jour de mon installation, assurant mes concitoyens, que le poste le plus dangereux, le plus ingrat, et le plus difficile, devoit être celui d'un républicain courageux, dans les momens critiques du danger de la patrie, et que ces motifs seuls pouvoient me déterminer à conserver la mairie, sûr de trouver dans mes collègues, et dans les patriotes, un égide contre l'erreur et la calomnie. Ils peuvent se rappeler mes propres termes, et me rendre justice à cet égard. On m'avoit encore offert une place au tribunal révolutionnaire de l'armée ambulante, tant on avoit à cœur de m'éloigner, et me porter à renoncer à la mairie, parce qu'on m'y croyoit dangereux contre l'intrigue, et en état d'y faire quelque bien. J'ai tout refusé, tout abandonné, places, fortunes, appointemens considérables, même dans ma profession d'acteur, et cependant on a le front encore de chercher à me calomnier : que dis-je, on me destitue, on m'incarcère ; et c'est ainsi qu'on récompense le courage, le désintéressement, l'énergie républicaine, et les services que j'ai rendus à cette cité, en luttant souvent seul contre le couteau des traîtres, et la préservant des attentats renouvelés chaque jour, pour en faire une Vendée ou un foyer de contre-révolution, à l'instar de Lion, Marseille et Bordeaux.

N'ayant donc pu parvenir à m'intimider par les cachots, les poignards et les menaces réitérées chaque jour contre moi pendant six mois, non plus que me séduire par l'or, et les places qu'on m'offroit insidieusement pour se défaire de moi à quelque prix que ce fut, la cabale toujours la même, ci-devant déjouée et démasquée par moi ; mais encouragée aujourd'hui, renforcée même, j'oserai le dire, par l'insuffisance et la foiblesse de Faure, pour ne pas dire quelque chose de plus ; et en le supposant encore de bonne-foi, (1) a repris le dessus,

---

(1) Comment pourra-t-on supposer, en effet, qu'un homme revêtu de pouvoirs illimités, quelqu'ignorant qu'il soit, puisse de bonne foi, persécuter avec un acharnement dont on ne voit pas d'exemple, précisément le peu qu'il y a de patriotes, sans en excepter un seul, dans une ville de tout temps gangrénée d'aristocratie, tandis que d'un autre côté, il crée pour diriger ses manœuvres contre-révolutionnaires, ou ses vengeances personnelles, son comité de surveil-

et se venge sur moi comme sur les autres patriotes, des humiliations que nous avons cidevant contribué à lui faire essuyer, en dévoilant la turpitude de ses auteurs. Qu'ils décèlent à leur tour

---

lance, tout entier, composé de riches accapareurs, de muscadins, de fédéralistes-robins; une société populaire où brillent aujourd'hui les Foissai, les Aubertier, les Lemonnier et autres scélérats à bon droit incarcérés, ci-devant, pour actes de fédéralisme et propos contre-révolutionnaires au 31 mai et 2 juin derniers, et que Faure vient de remettre en liberté. Pour achever d'effrayer, dans la société populaire, le petit nombre de ceux qui seroient tentés encore de s'apitoyer en faveur des patriotes persécutés, qui gémissent dispersés dans les cachots de Paris, de Metz et de Nancy, Faure a de plus créé un tribunal révolutionnaire, dans lequel siége à peine un individu révolutionnaire. Peut-on se tromper aussi lourdement, sur-tout après avoir et assez long-temps entendu les patriotes? C'est ce qu'avec un peu de temps encore nous parviendrons à démêler. Mais en attendant, qui pourra réparer à Nancy les maux incalculables qu'une conduite aussi inconcevable va produire à la chose publique?

Ce qu'ils me pardonnent le plus difficilement, c'est d'avoir joui de la faveur populaire, sans effort, sans menées, prêchant d'abondance, franchement et sans intérêt, les principes républicains; mais par-dessus tout, d'avoir été conduit, porté deux fois en triomphe chez moi par tout le peuple, indigné de me

celle de Mauger, s'il en existe en effet : j'y consens pour ma part : je le provoque de grand cœur ; mais lui accoler des hommes reconnus purs et désintéressés, feindre des complots aussi absurdes que ridicules, accuser, par exemple, un maire d'avoir, lui garçon, fait un enfant à sa servante, quand il n'étoit encore acteur qu'au théâtre. Un représentant du peuple applaudir, autoriser toutes ces misérables discussions, parler, imprimer dans le même sens, que dis-je, s'en étayer même pour suivre contre le magistrat, un systême de persécution, ourdi par la plus insigne mauvaise-foi, et tendant, comme je l'ai démontré ci-dessus, à servir des vengeances et des passions particulières, est le comble de la perfidie, de la noirceur, et de l'abus d'autorité aussi-bien que de l'ignorance, de la sottise et du fanatisme. Ne trouvant point de grief pour me perdre, n'ont-ils pas essayé de me rendre odieux au peuple, en insinuant que j'avois prêché contre le culte catholique ; et tout le monde

---

voir lâchement calomnié et sortant toujours victorieux, quoique seul contre tous, avant que Faure les eut étayés de toute l'influence de la représentation nationale, dont il a, selon moi, si indignement abusé, pour relever ici le parti des vrais ennemis du peuple.

ne connoît-il pas la puissance de cette arme auprès des foibles.

Mauger est accusé d'avoir reçu des cadeaux. que me fait à moi la conduite de Mauger (1) ?

(1) Une rixe s'élève dans une rue ou sur le grand chemin, entre Pierre et Jacques; Pierre veut assassiner Jacques et lui voler son argent. Guillaume accourt d'un côté pour secourir Jacques déjà demi-mort; j'accours, moi, de l'autre côté pour seconder Guillaume, et je demande si tout près de me joindre à ce dernier pour faire une bonne œuvre, je dois auparavant informer, froidement discuter, réfléchir sur ses principes, et si pendant ces discussions, ces réflexions, ces informations, il n'est pas à craindre que Pierre qui fut toujours un intriguant, un voleur, robuste autant que rusé, plus fort, plus adroit à lui seul que Jacques et Guillaume réunis, n'ait trouvé bien-tôt le moyen de les égorger tous deux sous mes yeux avant que j'aie fait un seul pas pour m'y opposer. Il est donc bien clair que je n'ai pas le temps en matière politique et révolutionnaire, d'examiner les principes et sur-tout la conduite antérieure d'un individu, tant qu'il parle dans le sens de la chose, et qu'il prêche pour le bien au moment de la crise et du danger commun. Je me joins à lui, je m'y accole sincérement, jusqu'à ce que je le voye tergiverser et quitter la bonne route. Tout le monde est frappé de cette vérité; mais messieurs de la cabale veulent absolument faire le procès à la révolution, et à l'aide de Faure, ils n'ont déjà que trop réussi.

Je l'ai défendu tant qu'il s'est montré républicain, brave et désintéressé : je l'ai abandonné, j'ai même le premier de tous averti Faure, bien éloigné de s'en douter alors, des inculpations que la voix publique dirigeoit contre lui. Faure et Galet son secrétaire, peuvent-ils nier que Mauger ne leur ait dit, qu'il me croyoit son plus cruel ennemi, dans l'idée où il étoit que je devois nécessairement épier sa conduite? Mauger n'est-il pas, et publiquement convenu lui-même d'avoir reçu des présens? et on veut à cause de cela, et sans aucune imputation sur mon compte, m'assimiler à lui, parce que l'intrigue redoute mon intégrité et l'austérité républicaine, que j'ai publiquement professées jusqu'à ce jour. Mauger avant sa chûte avoit terrassé les intrigans : je m'étois alors joint à lui, et on voudroit, en me perdant aujourd'hui, s'efforcer de prouver que le bien que nous avions fait, étoit au contraire chez nous le fruit de l'intrigue et de l'esprit de parti. Malheureusement le succès ne peut répondre aux efforts de ceux qui sont eux-mêmes les vrais intriguans, et leur ragè s'accroît aujourd'hui de voir qu'ils en seront toujours pour leurs injures et leurs suppositions gratuites. C'est ainsi que depuis le commencement de la révolution, les ennemis de la patrie ont, pour faire prendre le change, donné leurs noms aux patriotes. Ils ont cherché, fouillé, scruté jusque dans l'intérieur de mon ménage, jusques dans mes conversations et affections les plus intimes : ils ont fait des recherches dans tous les coins de la ville, pour tâcher de déterrer la plus légère trace, du plus léger acte d'intérêt, du plus médiocre cadeau, que j'aurois dû recevoir, si j'avois pu leur ressembler; et ils ont vu par-tout un homme pauvre comme Job, endetté même pour se livrer tout entier à la chose publique, une délicatesse minutieuse et une probité conduisant à tout faire pour le bien, uniquement pour le plaisir de le faire : pas une seule voix qui eût pu citer autre chose, que des traits de désintéressement et de services rendus par pure bonté de cœur, et pour l'avantage des particuliers, comme pour l'intérêt général. La rage de ne pouvoir me trouver en faute, même la plus légère, porte mes ennemis à payer les hommes les plus vils et les plus décriés, pour chansonner et satyriser mon ménage, (1) afin de me rendre au moins ri-

(1) Un malheureux Folliculaire, nommé Gentillâtre, l'excrément des talens littéraires comme le rebut de

dicule aux yeux du peuple, qui sait que je ne puis être coupable, que je puis me flatter d'avoir, par la pureté de ma conduite, honoré même le poste qu'il m'avoit confié, qui commence à sentir que celui qui a les mœurs les plus douces, doit avoir, s'il est vraiment patriote, de la crânerie même en matière révolutionnaire, dans les déchiremens qu'éprouve actuellement la patrie, qu'il y a peu d'individus vraiment républicains dans les départemens, et que s'il y a quelque bien de fait dans une ville, elle le doit bien rarement à ceux qui sont nés dans ses murs.

Faure n'a pas été plutôt revêtu des pouvoirs illimités, que la convention lui avoit long-temps refusés, parce qu'il ne pouvoit, avec raison, y être connu comme un homme à

---

tout ce qu'il y a d'impur du côté des mœurs et de la probité à Nancy, de l'aveu de tous les habitans de cette cité, composa contre Brisse, maire, *pendant sa détention*, une misérable chanson en forme de satyre, qu'il porta à l'impression. L'Imprimeur refusant de coopérer a cette infamie, notre auteur famélique le menaça de l'incarcération, ajoutant qu'il écrivoit et imprimoit par ordre de Faure, le Représentant du peuple. Je donnerai la preuve de ce que j'avance, quand il en sera temps et dès que j'en serai requis.

talens révolutionnaires, qu'il s'est entouré précisément de tous les êtres qui avoient le plus d'intérêt à voir écraser le petit nombre des républicains, qui avoient depuis six mois dessilé les yeux du peuple sur les intriguans, les aristocrates et les fédéralistes : aussi a-t-il fait main-basse sur tous les membres qui avoient travaillé avec Mauger, par la raison seule que Mauger avoit reçu des cadeaux. Les fautes sont-elles donc, oui ou non, personnelles ; et Faure qui n'a pu rien déterrer sur mon compte, après avoir employé les plus petits moyens, et quoique j'aie publiquement provoqué toute espèce de dénonciation, n'est-il pas lui-même punissable d'avoir, en me destituant et en m'incarcérant jusqu'à la paix, exercé sur moi une vengeance particulière, parce qu'en franc républicain j'ai eu le courage de blâmer hautement ses opérations, et d'écrire à quelques membres de la convention, dans une dépêche qu'il a peu généreusement interceptée et supprimée à la poste, qu'il étoit par ses vues rétrécies infiniment au-dessous de la mission, qui lui avoit été confiée, que n'ayant pas les moyens de faire le bien dans un état de révolution, puisqu'il n'étoit pas lui-même révolutionnaire, on povoit en induire avec raison, qu'i lest même un contre-révolutionnaire ; car qui ne peut être pour, doit nécessairement, être contre au terme des décrets de la Convention ; et indépendamment de quelques proclamations criardes, dont il a chargé nos murailles, postérieurement à l'interception de ma dépêche, et dans lesquelles il a, pour la première fois, affiché quelque vigueur, sans que nous puissions être surs au fond, si lui-même en a vraiment pris lecture, comme disoit jadis un grand homme à un évêque imbécille.

Alliant le pouvoir judiciaire au pouvoir législatif, de son autorité despotique, et dans une proclamation signée de lui, qu'il a placardée dans tous les coins de Nancy. Il me destitue et m'incarcère jusqu'à la paix, lui qui deux jours auparavant, me faisoit gravement assurer de sa protection, par son secrétaire, qui ce jour-là vint au sein de la société populaire, me protester que son patron, étoit à mon égard dans les meilleures intentions du monde. Comment a-t-il pu de bonne-foi, me confondre avec ceux, qu'il nomme intrigans, après tant de sacrifice bien connus de lui et attestés par tous les citoyens de Nancy. En se joignant à mes lâches ennemis, pour autoriser et sanctionner le reproche ridicule et contre-révolutionnaire, d'avoir quitté les planches, (ce sont leurs propres termes), pour me jeter dans leurs affaires. Quoiqu'étranger a la ville de Nancy, donnant ainsi un soufflet aux décrets, qui ont proclamé la plus parfaite égalité, parmi les citoyens de toute classe, et outrageant, si directement le bon sens, aussi-bien que plusieurs membres célèbres de la convention, notamment le citoyen *Collot d'Herbois*, et autres auteurs de profession, qui honorent aujourd'hui par tant de talents, leur énergie et leur civisme, la représentation nationale; comment, dis-je, Faure ne s'est-il pas au moins rappellé, que la loi, comme le véritable point d'honneur, enjoint à tous les citoyens, quelqu'état qu'ils proffessent, quelque coin de la France qu'ils habitent, de tout quitter, tout abandonner, pour contribuer à sauver le vaisseau de l'état; aujourd'hui, sur-tout, que la convention décrète formellement, que nul individu n'y doit rester oisif. J'ai donc tout laissé là, tout sacrifié, pour remplir ce devoir sacré, au moment où le féderalisme fut sur le point de triompher complettement, à Nancy comme ailleurs. J'ai démontré que je l'avois fait sans intérêt; j'ai fait a cette égard ce que je devois faire ; j'en suis de rechef puni ; j'en souffre encore une fois, mais c'est pour ma patrie ; je supporte cette peine avec courage, parce que c'est encore une dette de tout citoyen, aujourd'hui que la crise révolutionnaire ne nous laisse pas toujours le tems de démêler jusqu'à nouvel ordre, le juste d'avec l'injuste, dans la confusion inévitable et le désordre momentané, qu'entraînent nécessairement toutes les révolutions. J'ai souffert deux mois de détention à Paris en 1791 ; si j'avois été un intriguant, je ne serois pas venu sortant de l'abbaye, demeurer obscur dans un département, et y enterrer cette anecdote ; en restant à Paris, la patrie m'eût dédommagé, peut-être, si j'eus voulu l'être, comme elle l'a faite a cette époque, a l'égard de tant d'autres ; mon dessein n'est donc pas dagioter, pour ainsi parler, la persécution, ni d'en tirer parti ; car ce seroit un nouveau genre d'intrigue, aussi punissable que les autres, et indigne à jamais d'entrer dans la cœur de quiconque a toujours fait son idole de la chose publique ; mais je ne puis me dissimuler que sans nul intérêt personnel, mais pour ma satisfaction individuelle, je me sens fier du traitement que j'éprouve par-tout, et que ma prison de Nancy, aussi-bien que celle de Paris, sont pour moi deux certificats de civisme, que tout pauvre que je suis, je ne donnerois pas pour 100 mille écus, tant je méprise l'or aussi-bien que tous les mobiles de mes détracteurs insensés et fanatiques.

Il me reste à dire maintenant deux mots, sur l'une des proclamations de Faure, dont on m'a rapporté le contenu en prison, touchant ma destitution, que je dois encore ignorer, puisque je n'en ai reçu aucune notification écrite ; mon mémoire répond victorieusement aux puérilités très-matériellement imaginées par Faure, dans cette proclamation, excepté à celle que je vais rapporter, réfuter et pulvériser en deux mots seulement.

On dit que Faure, a écrit que depuis *l'arrestation de Mauger, Brisse n'a cessé de remuer les esprits inquiets, afin de les disposer à quelques mouvemens désordonnés.*

Pour connoître toute la bonne-foi de cette assertion, il suffira de demander au peuple de Nancy, si *Brisse* y avoit une seule cotterie, quels sont les esprits qu'il a remués, s'il a parlé une seule fois de Mauger sans y être provoqué par des injures directement adressées au Maire ; et si pendant les quinze jours qui ont précédé son arrestation, il ne s'est pas scrupuleusement borné au rôle pénible et chagrinant, de répondre lui seul à 30 ou 40 imbécilles, payés pour tenter tout à-la-fois les moyens les plus vils de le décrier et de le dépopulariser, sans qu'il les ait une seule fois aigris ni provoqués; mais devenus furieux de ce qu'ils n'ont pu l'intimider, l'obliger à donner lâchement sa démission, et lui faire un seul instant déserter la société populaire, où il a chaque jour, et toujours seul, bravé et foudroyé toutes leurs plattes et ineptes impostures (1).

On m'assure encore que Faure a dit que *j'ai négligé de faire mettre à exécution la loi du maximum sur les denrées de première nécessité.*

Interrogez à Nancy le premier des magistrats

---

(1) Ils ont bien plus beau jeu depuis que je suis en prison. Entr'autres gentillesses de leur invention, il me revient qu'ils ont, ces jours derniers, sourdement insinué au peuple, que Philip et moi, nous nous étions entendus avec Mauger pour faire renfermer et étrangler dans les cachots, trois individus qu'on n'a garde de nommer, de peur de gâter le mystère. Des moyens aussi rares, aussi ingénieux doivent-ils *inspirer de l'horreur* ou plutôt de le pitié pour leurs auteurs? C'est ce que je laisse à juger.

comme

comme le dernier des commis des bureaux, et je consens à perdre la tête, s'il en est un seul qui ne vous atteste que Faure, qui incombe sur moi seul pour un prétendu délit, attribuable, dans tous les cas, à la municipalité entière, n'a pu de bonne-foi ignorer, puisque toute la ville le lui a attesté, et que lui-même l'a vu de ses propres yeux, que la loi du maximum a été, sur-tout au commencement, si bien exécutée à Nancy, qu'il en est résulté, momentanément ou disette générale, ou peut-être quelqu'engorgement partiel, dont tous les bons citoyens ont gémi, et auxquels la vigilance des magistrats a eu tant de peine à remédier. Ils vous diront que Faure sait aussi bien que moi, que quoique je n'aie été maire que six semaines, dont encore j'ai passé la moitié au comité de surveillance, en permanence et par ordre de Lacoste, qui nous enjoignoit de laisser toute administration jusqu'après l'opération parfaite de l'envoi des détenus à Paris. La Municipalité n'en a pas moins, d'après mes sollicitations réitérées, présenté deux pétitions au district pour être autorisé à mettre en réquisition les bœufs et les voitures en dépôt à Nancy, pour aller prendre dans les campagnes voisines, et au prix du maximun, les bois nécessaires à l'approvisionnement de Nancy, et que le district, sans répondre à ces deux pétitions, après néanmoins des mesures relatives à leur objet. Personne n'ignore que c'est moi et Nicolas, juge de paix, qui avons provoqué dans la société populaire, l'envoi de plusieurs commissaires, dans les diverses foires du département des Vosges, pour y connoître le prix de la vente des bœufs, en prendre des attestations signées des vendeurs et des acheteurs, afin de dénoncer à la convention les infractions faites à la loi du maximum dans ce département, qui approvisionne le nôtre : que si la viande s'y vend 15 sous et même 18 la livre, comme le fait est certain, il est dont bien impossible de l'avoir à meilleur compte dans le département de la Meurthe, forcé de tirer à grands frais sa subsistance du département des Vosges, le plus voisin des armées et des frontières, que nous n'avions rien de mieux à faire que d'inviter les administrateurs de notre département, à se concerter avec les administrateurs du département des Vosges, sur les moyens de rendre chez eux comme chez nous, la loi du maximun exécutable sur les boucheries, ce que nous avons fait par différentes pétitions et plusieurs députations, à la tête desquelles étoit le procureur de la commune. Faure pourroit-il feindre ne pas savoir que nous avons pris à cet égard toutes les mesures qui étoient possibles à des hommes, et que des administrateurs ne sont pas des dieux; ne sait-il pas qu'entre les mille et une précautions prises par nous, pour remplir autant qu'il est possible, le but de la loi du maximun, nous nous sommes portés jusqu'à présenter une pétition au département de la Meurthe, pour avoir une somme de 12000 liv., à employer par nous en dépenses secrettes, afin d'encourager et payer des surveillans, qui pussent prendre en faute les bouchers, et nous procurer par-là, quelques dénonciations motivées, signées, sans lesquelles nous ne pouvions procéder à faire des exemples, puisque les citoyens s'opiniâtroient a ne vouloir dénoncer personne, et qu'enfin cette pétition est demeurée sans réponse? En un mot, Faure qui pour colorer une petite vindicte particulière d'un prétexte plausible au moins en apparence, veut s'en prendre à moi seul, d'un tort qu'il sait très-bien n'être pas le mien, que, vraisemblablement, je ne dois pas même partager, qu'on ne peut attribuer qu'au malheur des circonstances et de notre position près des Vosges; Faure, dis-je le représentant du peuple, peut-il ignorer que la convention elle-même, a promis un réglement général pour l'exécution de cette loi, dans tous les départemens, que cet objet n'est pas encore rempli, et que les difficultés sur l'exécution de cette mesure salutaire à Nancy, se sont encore accrues de moitié, depuis que je suis détenu.

Je crois avoir prouvé aux yeux de tout être impartial, et doué seulement des lumières de ce sens commun qui court les rues, que je suis injustement destitué, opprimé et incarcéré; qu'il ne suffit pas qu'un magistrat du peuple soit en effet pur et sans tâche, mais qu'il doit encore le paroître à tous les yeux; que je dois, non pour moi, mais pour le peuple qu'on a voulu tromper sur mon compte, avoir satisfaction éclatante du traitement injuste que j'éprouve; je la demande aux réprèsentans du peuple français, à la convention, à l'univers entier. Je l'obtiendrai sans-doute cette satisfaction, qui doit être le blâme de mes oppresseurs et le désaveu solemnel des mesures, de passions et de vangences individuelles, dont je me vois la victime aujourd'hui; et enfin ma réintégration dans le poste que le peuple m'avoit confié, réintégration à laquelle j'attache le retour à l'honneur qu'on m'à, selon moi, ravi, en me persécutant et me destituant sans motif, sans laquelle je renonce à ma liberté, pour toute ma vie, consens volontiers à périr où pourrir s'il le faut dans les prisons, plutôt que de cesser d'en poursuivre l'obtention, près de la représentation nationale, qui, sans doute, ne me refusera pas encore le paiement de mon traitement de maire, à partir du jour de mon installation, pour que je puisse enfin rembourser ceux qui me procurent l'existence, et en considération de ce que j'ai abandonné totalement mon ancien état, pour servir la chose publique.

J'oubliois d'observer ici, qu'on pousse la dureté et la barbarie, jusqu'à me refuser, dans ma position actuelle, ce misérable appointement, qui m'avoit été accordé par un arrêté du conseil général de la commune et approuvé par Faure, sur une invitation expresse du citoyen Colombel, representant du peuple et du comité de salut public, pour la mairie que j'ai gérée six semaines, et pour laquelle j'ai laissé là ma profession d'acteur, de manière que je suis sans nulle espèce de ressource, dans la maison de détention, dite *du réfuge*, obligé d'y vivre des 15 sous de la nation, ou réduit à la triste nécessité d'accepter, pour pouvoir exister, les secours que mes camarades de théâtre ont la bonté de me faire passer dans cette prison, où on a eu l'infâmie de me plonger avec ceux que j'ai contribué à y envoyer pour exécuter la loi et remplir mes devoirs de fonctionnaire public, au comité de surveillance.

Tous les patriotes souffrent, sans doute, à commencer par nos fidèles représentans, que l'intrigue menace chaque jour du sort de Marat et de Pelletier; mais ils sont au poste d'honneur le plus éclatant. Tout l'univers les contemple et la gloire les soutient; le général d'armée souffre comme le soldat; mais que de ressources, quelle série de dédommagement offerte au premier de ces guerriers, servant tous deux leur patrie avec des vertus égales! les fonctionnaires, que leur mérite porte à figurer sur le théâtre de la scène politique, ne peuvent ignorer qu'il reste encore dans les départemens quelques sujets méritans et puis, qu'il ne faut pas laisser à la merci des traîtres, qu'ils ont su démasquer; j'ai servi ma patrie, pour la patrie elle-même, dans les momens les plus critiques, dans un département éloigné du centre des lumières, et où, par conséquent les malveillans avoient plus de force et de crédit; j'ai, pour le faire dignement, fait abnégation de ma propre personne : les intrigans m'en punissent. Ils me calomnient librement (1), et moi indignement précipité dans les cachots, n'ai pas même la faculté de m'en plaindre par écrit, puisqu'il me faut user d'un subterfuge, pour faire sortir d'ici ce mémoire, qui, sûrement, ne verra jamais le jour, s'il tombe au pouvoir de mes persécuteurs, aujourd'hui sur le pinacle, et fiers jusqu'à l'impudence d'un triomphe momentané, fruit de leurs intrigues auprès d'un homme foible comme sans moyens; mais qui doit passer comme l'éclair, pour peu qu'il y ait un reste de justice parmi les hommes, et la convention nationale, est aujourd'hui pour toute la terre le sanctuaire de la raison et de l'équité.

J'oubliois de dire encore qu'un nommé Zèdre,

(1) Ils ont poussé le fanatisme et l'impudeur jusqu'à demander hautement ma tête dans tous les coins de la ville, et même jusqu'au théâtre, où ils ont été baffoués, et traîné dans la boue, pour avoir tenté cette belle équipée

marchand de meubles, à qui j'étois resté débiteur d'une somme de 275 livres, et qui m'offroit pour l'acquit de cette somme, toutes les facilités possibles quand j'étois encore en crédit, vient d'oublier à mon égard, tout principe d'humanité. Au bout d'un mois de détention, il vient de m'envoyer un huissier, nommé Colin, connu par-tout ici comme le plus exécrable sujet, et qui, en présence de 15 personnes, m'a fait la dure injonction de payer à l'heure même, faute de quoi il alloit vendre sur-le-champ, mes habits de théâtre et le peu qui me reste de mobilier, assaisonnant encore cette opération des propos les plus durs; me notifiant, quoique sans ordre *ad hoc*, que j'étois détenu jusqu'à la paix, et qu'au surplus je l'avois bien mérité. Ni Zèdre; ni Colin, ni aucun citoyen de Nancy, n'ignorent que je suis hors d'état de payer pour le moment: ainsi, je demande à tout homme juste et de sang-froid, par qui de tels émissaires peuvent être envoyés, pour m'insulter jusques dans ma prison, ce dernier azile du malheur, respecté même par les bêtes feroces du parti de l'opposition en guerre ouverte avec notre république. Heureusement le citoyen Duthé, mon camarade au théâtre, m'a sauvé du chagain de voir vendre mes meubles, en me prêtant sur-le-champ cette somme. Huit jours après, c'est-à-dire hier 18 nivôse, le marchand nommé Gomiens, qui me força il y a deux mois de prendre chez lui de quoi me faire un ou deux habits d'hyver, *au maximum*, sans vouloir me fixer aucun terme pour le paiement, m'a envoyé ici un mémoire de 120 livres, que je n'ai pu acquitter : j'attends de ce côté-là encore des nouvelles ultérieures, pour savoir si je serai réduit à la dure extrémité de voir vendre mes chemises, vu que je suis sans ressource, et honteux, d'avoir été déjà trop à charge à ceux qui ont bien voulu encore rester mes amis, même après ma disgrace.

Ces détails paroîtront minutieux, peut-être, au premier coup-d'œil; mais ils m'importent beaucoup, à raison de la malveillance qui m'assiége, et qui s'accroît encore de son impuissance. Le loup affamé et furieux de ne rien trouver dans son repaire ordinaire, s'élance à travers les champs, déchire et dévore dans sa rage, tout ce qui se trouve sur son passage. Si j'avois eu le malheur d'être à mon aise, au moment actuel, j'étois un homme perdu.

En entamant ce mémoire, citoyens Représentans, j'étois loin de penser à le rendre si long (1); mais il étoit bien difficile à un chef d'administration de vous rendre compte de sa conduite privée pendant deux ans, avec le détail de tout ce qui s'est passé en cette ville depuis six mois, et qu'il a cru devoir vous déduire pour vous rappeler tous les faits. Je me résume donc et vous demande ma liberté, ma réintégration dans mon poste, la liberté, le triomphe des patriotes opprimés et détenus comme moi, pour avoir généreusement défendu les droits du peuple, à l'exception de ceux auxquels on pourroit avoir à reprocher, ce que j'ignore, le plus léger défaut de délicatesse. Permettez-moi de réclamer encore l'envoi ici de deux députés montagnards, pour prendre connoissance des faits, y réparer les torts de l'ignorance, de la légereté ou de la mauvaise foi, incomber sur les vrais ennemis de la patrie, mettre au plus grand jour l'innocence des patriotes; préserver, enfin, cette cité de tous les maux qui la menacent, si le parti

(1) Je ne puis conciser ni châtier ce que je fais; je n'ai ni bois ni charbon, et suis obligé d'écrire au milieu de cent personnes, au chauffoir commun.

des fédéralistes, des feuillans et des royalistes, aujourd'hui réorganisé par Faure seul, au sein même de la société populaire, continue à y avoir le dessus, et à persécuter le petit nombre de ceux qui, par les opérations sagement combinées des trois représentans du peuple Herman, Sobrani et Richaut, au mois d'août dernier, aussi-bien que par votre décret du . . . du même mois, ont été solemnellement déclarés avoir bien mérité de la patrie.

J'apprends à l'instant même que mes camarades du spectacle, ont été invités a supprimer les secours provisoires, qu'ils m'ont jusqu'ici fait passer en prison; on leur a fait entendre qu'ils feroient deserter et peut-être fermer leur théâtre, s'ils continuoient à me procurer la subsistance. Mes camarades ont eu la *générosité de répondre*, que me connoissant pur et franc républicain, ils me serviroient à la vie à la mort. Les malheureux trouvent donc quelquefois encore des amis sur la terre, quand ils n'ont rien à se reprocher; il y a donc encore quelque vertu parmi les hommes, et graces au sort ils ne sont pas tous fourbes, cruels et méchans, à Nancy comme par-tout.

Nous avons tous juré de souffrir, de mourir

pour la patrie, quelques malheurs, quelques persécutions que nous ayons à supporter; et s'il est vrai, comme je n'en doute pas, que la génération actuelle doive se sacrifier toute entière au bonheur de la génération future, nous n'avons pas payé notre dette puisque nous vivons encore, et les braves républicains de France sont tous déterminés à ne goûter jamais de repos, de jouissance ni d'attachement à la vie, tant qu'il restera sur la terre un seul thrône à renverser.

GLASSON-BRISSE,
Maire de Nancy.

Déjà le parti de Duquesnoi reprend faveur: ses amis priment à la société populaire, présidée aujourd'hui par le ci-devant procureur Aubertice, ci-devant incarcéré par nous comme l'un des premiers apôtres du fédéralisme; le Monnier, ci-devant commissaire des guerres, contre-révolutionnaire connu, y brille aussi et a eu même l'impudeur de se faire nommer commissaire, visiteur des maisons de détention; enfin tous les fédéralistes triomphent aujourd'hui à Nancy, comme je l'avois malheureusement prévu : et Faure s'est visiblement montré le protecteur de ceux que je viens de nommer, puisqu'il les a lui-même élargis et caressés : rappelez-vous qu'ils étoient tous sur la liste des méneurs à l'époque des 31 mai et 2 juin dernier, et il est encore aisé de recourir à cette liste.

J'apprends dans le moment que les citoyens Darly et Puissaut, officiers-municipaux, à ce qu'on dit, à la réquisition du comité de surveillance, se sont rendus, ce jourd'hui 19 Nivôse, dans notre maison d'arrêt, du réfuge, pour questionner les détenus sur tout ce que j'y ai pu faire ou dire, depuis mon incarcération. J'ai su encore que, depuis deux ou trois jours, on avoit excité quelques détenus à déposer contre moi, pour quelques discussions ou rixes particulières, concernant la révolution ; je prouverai quand j'en serai requis, que tous ceux qu'on devoit questionner étoient désignés d'avance, puisqu'on n'a visiblement fait descendre que ceux avec lesquels on a imaginé que je différais le plus d'opinion ; messieurs du comité qui savent et épient tout ce qui se passe dans cette maison, sur-tout depuis quelques jours, n'ont pas manqué de faire déposer ceux qu'ils supposoient devoir être à cause de cela, mes ennemis. Le citoyen Puissaut, oubliant l'impartialité même rigoureuse que lui imposoit la mission dont il s'étoit chargé, a cherché à les irriter tous contre moi, en leur disant que j'étois un monstre de les avoir ainsi traités; c'est à-peu-près le vingtième déboire qu'on m'a fait essuyer, depuis sept semaines de prison, par la rage de n'avoir pu, quand j'étois libre, me calomnier assez pour trouver matière à m'envoyer au tribunal révolutionnaire, à Paris; on a tenu ces détenus, sur mon chapitre, depuis 3 heures du soir jusqu'à 10, on n'a pas manqué de réveiller, dans ces dépositions, quelques expressions que le dépit m'arracha, il y a 5 à 6 semaines, sur le compte de Faure, au moment où on m'annonça dans ma prison, qu'il m'avoit condamné à y rester jusqu'à la paix.

Il seroit encore bien intéressant de connoître la conduite qu'à tenue, a St-Denis près Paris, le nommé Gensy (1), se disant inspecteur des habil-

---

(1) Ce Gensy a été dénoncé ici par un ouvrier sans-culottes, qui avoit travaillé à St.-Denis sous l'inspection dudit Gensy, et qui lui a soutenu, en face et au sein de la société populaire, qu'il avoit été chassé de son

lemens de l'armée, auquel Faure s'est accolé pour incarcérer ici tous les patriotes, mettre en liberté les aristocrates et les fédéralistes, et se coaliser avec les riches ennemis de la révolution qui fourmillent ici, pour décharger la ville de Nancy du payement de la somme de 5 millions d'emprunt forcé à laquelle elle avoit été imposée par les représentans St-Just et Lebas. (1) Tous

---

inspection des marmittes de l'armée, pour avoir très-grossièrement volé la nation dans ce poste. Nous ignorons ici ce qu'il faut penser de cette dénonciation; Faure avoit pourtant promis et fait mine de vouloir la suivre; mais il a oublié de tenir parole. Il seroit cependant bien urgent de savoir à quoi s'en tenir sur le compte de ce Gensy.

(1) Toutes ces menées de Faure, de Gensy et des autorités constituées de Nancy, qui ont envoyé à Paris les nommés Mallarmé et Thirion, frapper à toutes les portes de la Convention Nationale, pour faire rapporter l'arrêté des Représentans Saint-Just et Lebas, ne donnent-elles pas l'explication des persécutions inouies exercées contre les quinze à vingt patriotes prononcés, incarcérés pendant ce temps-là, pour avoir seuls défendu à Nancy les principes de Marat, et qu'on a dispersés, disséminés en différentes prisons, dans la certitude où on étoit qu'ils ne verroient pas de sang-froid et sans récriminer, les riches égoïstes se sous-

les riches égoïstes, se sont soulevez à-la-fois sous la protection de Faure et de Gensy, qui

---

traire à un arrêté aussi sage que celui dont je viens de parler? Pourquoi Faure a-t-il aussi anéanti l'opération ordonnée par Lacoste et Mallarmé, de trasférer, au moment de l'invasion ennemie, les détenus hors de Nancy? Pourquoi Faure a-t-il mis en liberté et réintégré dans leurs fonctions plusieurs de ces détenus, que la voix publique et un comité de surveillance, composé alors de maratistes, avoient déclaré devoir être traduits au tribunal révolutionnaire? Pourquoi tous les aristocrates de Nancy, ont-ils sous les yeux et avec l'approbation de Faure, crié *tolle* et *à l'assasin* contre ces hommes intrépides qui avoient dénoncé aux Représentans du peuple, Lacoste et Mallamé, soixante-trois de ces contre-révolutionnaires, bien connus pour avoir mérité le supplice de la guillotine? Pourquoi ces braves républicains ont-ils été depuis, presque tous incarcérés ou traduits au tribunal révolutionnaire, par Faure le Représentant du Peuple? Pourquoi dernièrement encore, tous les aristocrates des maisons d'arrêt, comme de toute la cité; attendoient-ils, comme le Messie, le retour de Faure, ne juroient que par le nom de Faure, et crioient à tue-tête que Faure seul avoit fait de grands miracles dans la ville de Nancy, depuis qu'il avoit traduit au tribunal et purgé la ville de tous ces buveurs de sang, ces désorganisateurs et ces factieux, contre lesquels cependant, leurs plus cruels ennemis même n'ont pu, en déposant

n'ont

n'ont pas manqué de rejetter sur les patriotes ; qu'on vouloit opprimer tout l'odieux de cette contribution, en les accusant faussement devant le peuple, d'en avoir secrétement fait la demande aux citoyens Lebas et St-Just, qui fort heureusement sont pleins de vie et peuvent, d'un mot, mettre au grand jour la fausseté de cette assertion ; au reste, si les patriotes avoient eu le bon esprit de faire la demande de cette imposition, ils n'auroient aucun intérêt à le nier, et Nancy, rempli de riches aristocrates, étoit en état

---

contr'eux, à Paris et en plein tribunal, articuler d'autres crimes que celui d'être *patriotes* ultra *révolutionnaires*. L'ergot de nos feuillans, et ci-devant honnêtes gens, change à chaque phase de la révolution.

» Pourquoi encore toutes ces persécutions ourdies » par Faure contre tous les patriotes des départemens » de la Meurthe et de la Moselle, ont-elles parfaitement coïncidé avec celles qu'on a dans le même » temps exercées contre tous les patriotes de la France, » précisément encore au moment où l'ennemi, maître » du territoire français, jusqu'aux portes de Saverne, » étoit à la veille de soumettre Landau, qui n'avoit » plus que pour huit jours de vivres ? Entendez maintenant les tribunes des Jacobins et des Cordeliers, » retentir chaque jour des plaintes de tous les patriotes » opprimés, incarcérés, et livrés au rasoir national » dans tous les coins de la république.

de la supporter ; un juif, nommé *Cerbere*, pouvoit la fournir à lui seul, puisqu'il est riche de plus de 12 millions. Il est encore à remarquer que Faure a laissé libres tous ceux des ci-devant détenus, accusés d'avoir fait des cadeaux à Mauger, pour se tirer de prison; il peuplent même aujourd'hui la société populaire de Nancy; jugez maintenant du bon esprit qui y règne.

Ce 7 ventôse, l'an 2 de la République.

A ce mémoire que j'ai rédigé en prison il y a 7 semaines, et qui n'eût jamais vu le jour, si Faure ne s'étoit avisé de répandre, avec profusion, ces jours derniers, de nouveaux libelles contre nous. Je n'ai rien de plus à ajouter aujourd'hui que je suis libre, sinon que les représentans du peuple Lacoste et Baudot me firent sortir de prison, au 30 nivos dernier, et m'envoyèrent sur-le-champ porter à Paris, au tribunal révolutionnaire, de nouvelles instructions sur l'affaire de nos collègues, traduits à ce tribunal, et que toute la clique feuillantine aristocratique et fédéraliste remise en place par Faure avoit juré de faire périr sur l'échafaud. Je suis arrivé à Paris, deux jours après la justice éclatante que leur a rendu le tribunal en les acquittant honorablement, et mettant à leur place plusieurs de leurs infâmes dénonciateurs. Nous sommes ensuite retournés tous ensemble reprendre à Nancy l'exercice de nos fonctions, aux acclamations d'un peuple immense accouru sur notre passage, pour faire retentir toutes les rues et les places publiques de Nancy, des cris mille fois répétés de : vive la Convention ; vive la Montagne ; vivent les patriotes persécutés ; vive le tribunal révolutionnaire, etc.

GLASSON-BRISSE, maire de Nancy, réintégré dans ses fonctions, par les représentans du peuple, *Lacoste* et *Baudot*.

ERRATA.

Page 4 lig. 6. J'avois à en remplir ; *lisez* : j'avois eu à remplir.

Page 8 lig. avant-dernière. A présenter le petit nombre de patriotes ; *lisez* : à persécuter le petit nombre de patriotes.

Page 11 lig. 5. Forçoit à servir ; *lisez* : forçoit à sévir.

Page 13 lig. 16. *Tolle eos* ; lisez : *Tolle, et crucifige eos.*

Page 13 lig. 19. Cherchent encore à ; *lisez* : cherchèrent.

Page 16 lig. 2. Ecraser enfin le parti ; *lisez* : écraser enfin ce qu'ils appellent le parti.

Page 16 lig. 6. Lequel Faure dit ; *lisez* : lequel Faure suppose.

Page 29 lig. 12. Tant de talens ; *lisez* : leurs talens.

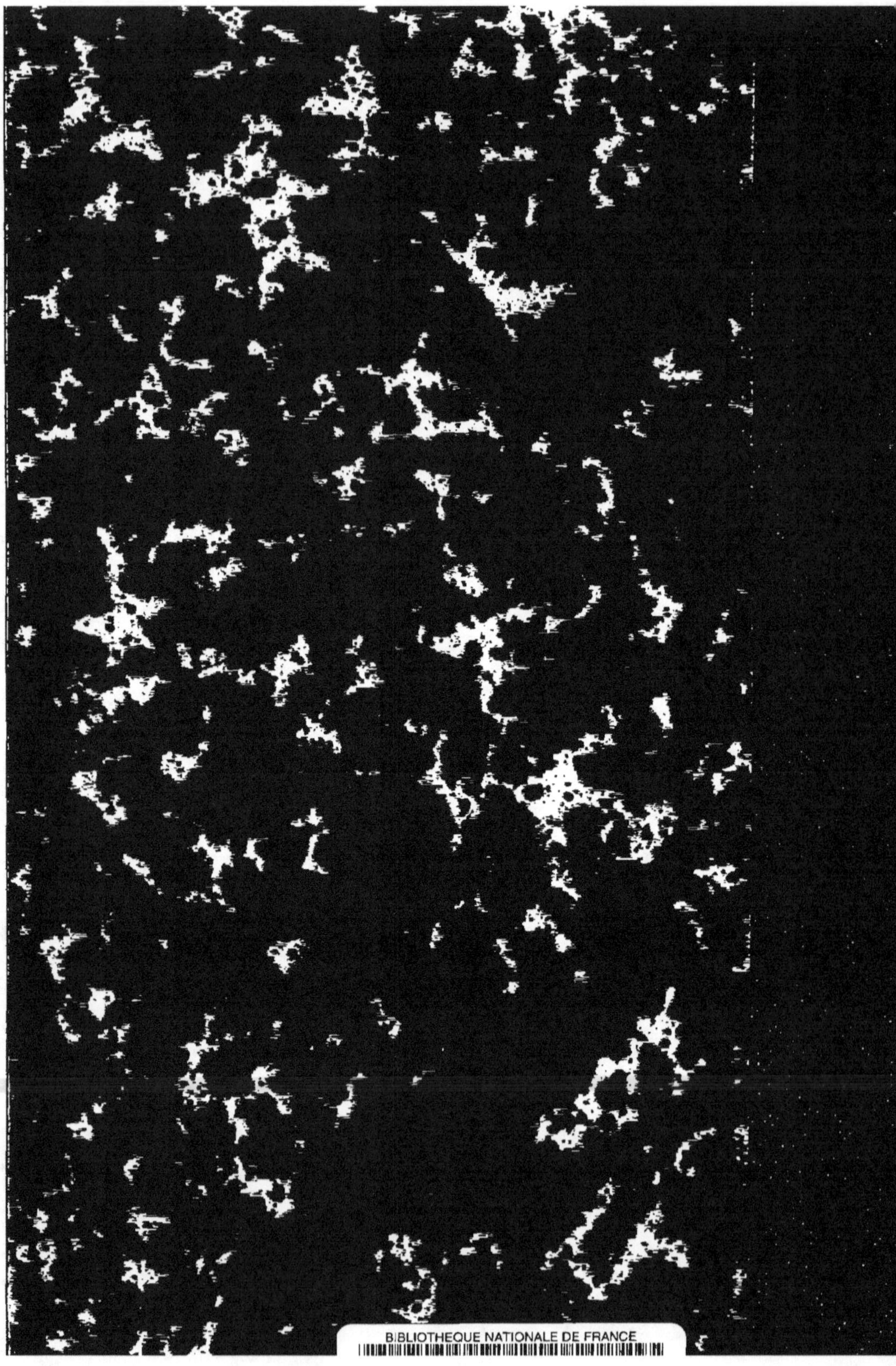

www.ingramcontent.com/pod-product-compliance
Lightning Source LLC
LaVergne TN
LVHW010050230826
846091LV00005B/1908

* 9 7 8 2 0 1 3 3 4 3 1 5 2 *